《두고두고 읽고 싶은 시튼 동물 이야기》는
자연을 사랑했던 작가 시튼이 실화를 바탕으로 그려 낸 야생 동물 이야기를 한 편씩
따로 엮은 책입니다. 거친 자연 속에서 누구에게도 길들지 않고 당당히 자신의 삶을
살았던 동물들의 감동적인 이야기가 생생한 그림으로 파노라마처럼 펼쳐집니다.

두고두고 읽고 싶은 시튼 동물 이야기

늑대 왕 로보

초판 1쇄 펴낸날 2013년 1월 30일
초판 3쇄 펴낸날 2018년 8월 27일

원작 어니스트 톰슨 시튼 | **글·그림** 우상구
펴낸이 서경석
책임편집 류미진 | **표지 디자인** 이혜정 | **본문 디자인** 이승주
마케팅 서기원 | **제작·관리** 서지혜, 이문영
펴낸곳 청어람주니어 | **출판등록** 제313-2009-68호
주소 경기도 부천시 부일로483번길 40 (14640)
전화 032)656-4452 | **팩스** 032)656-9496
전자우편 juniorbook@naver.com

ISBN 978-89-93912-79-1 74840
      978-89-93912-78-4(세트)

ⓒ 우상구, 청어람주니어 2013

※ 이 책의 내용 일부 또는 전부를 재사용하려면 반드시 저작권자와 청어람주니어 양측의 동의를 얻어야 합니다.

두고두고 읽고 싶은 시튼 동물 이야기

늑대 왕 로보

어니스트 톰슨 시튼 원작 | 우상구 글·그림

| 이 책을 읽는 어린이들에게 |

◆◆◆

슬프지만 아름다운 영웅의 삶을 살았던 늑대 왕 로보 이야기!

아저씨가 어렸을 때는 밤이 되면 집 근처 산 아래에서 "우우우……!" 하는 이름 모를 동물 소리가 들리곤 했어. 그 시절 그 울음소리를 들으며 한 장 한 장 손에 땀을 쥐며 읽었던 책이 있단다. 동물을 아주 많이 사랑했던 작가, 시튼이 여러 동물들을 관찰하고 쓴 《시튼 동물기》야. 이 책에 나온 늑대, 까마귀, 토끼, 여우, 개 등 여러 동물들의 이야기는 모두 시튼이 관찰하고 쓴 실제 이야기란다.

특히 아저씨 마음을 사로잡았던 건 총을 든 사람들의 포위망을 언제나 지혜롭게 빠져나갔던 늑대 왕 로보 이야기야. 로보가 사람들이 교묘하게 쳐 놓은 덫을 요리조리 피해 벗어날 때마다 마치 내가 승리한 것처럼 신이 나곤 했지.

사실 모든 동물이 행복하게 살다 간 건 아니야. 하지만 마지막 순간까지 길들지 않은 야생 동물답게 살다 간 이 책 속의 주인공들이야말로 진정한 영웅의 삶을 산 것이 아닐까?

아저씨는 동물원에 갇혀 있는 동물을 더 많이 보며 자란 친구들에게 제일 먼저 늑대 왕 로보의 삶을 꼭 보여 주고 싶었어. 이 책을 통해 친구들도 커럼포 골짜기를 주름잡았던 늑대 왕 로보의 멋진 영혼을 만나 보기를 바라.

깊은 밤 들려오던 야생 동물들의 울음소리를 추억하며, 우상구 아저씨가

| 어니스트 톰슨 시튼 Ernest Thompson Seton에 대하여 |

◆◆◆

동물을 따뜻한 시선으로 관찰한
자연주의 작가, 시튼

이 책을 쓴 작가, 시튼을 소개할게.

어린 시절을 숲이 우거진 산림 지대에서 보낸 시튼은 동물들을 관찰하고 그리는 것을 무척 좋아했어. 그래서 식물과 동물을 관찰하고 연구하는 박물학자가 되고 싶어 했지. 아버지의 권유로 영국과 프랑스에서 그림을 먼저 공부했지만, 박물학자가 되고 싶은 꿈을 버릴 수 없어 캐나다로 돌아와 글을 쓰기 시작했단다. 그러다 1897년 동물들의 이야기를 쓴 《내가 아는 야생 동물 Wild Animals I have known》을 발표하면서 작가로서 첫발을 내딛게 되었지.

시튼이 책 속에 그려 낸 동물들은 단순히 본능에 따라 행동하지 않았어. 거친 야생의 세계에서 살아남기 위해 때로는 용기 있게 맞서고, 때로는 지혜롭게 피해 서로를 보듬는, 우리의 삶과 크게 다르지 않았지. 이야기를 읽다 보면 동물을 따뜻하게 바라보는 시튼의 시선을 느낄 수 있단다.

훗날 '동물 문학의 아버지'로 불린 시튼은 평생 사람들의 횡포로 하나 둘씩 사라져 가는 야생 동물들을 보호하기 위해 글을 쓰고 그림을 그렸어. 그리고 꾸준히 이야기했지. "자연은 아주 좋은 것 Nature is Very Good Thing"이라고. 그러니까 반드시 지켜야 한다고 말이야.

미국 뉴멕시코 주 북부에 넓고 비옥한 평원이 있습니다.

산 구릉을 타고 흘러내리는 물줄기들은 나지막한 곳에 이르러 하나가 되어 커럼포 강으로 흘러갑니다. 이 평원에 자리한 마을은 강 이름을 따서 커럼포 마을로 불리었습니다.

마을을 감싸고 있는 산들은 경사가 가팔랐지만 정상에 이르면 땅이 평평해서 소나 양 떼와 같은 가축을 기르기에 꼭 알맞았습니다.

하지만 마을 사람들은 마음 놓고 가축을 기를 수 없었습니다. 커럼포 골짜기를 휘젓고 다니는 잿빛 늑대 '로보' 때문이었지요.

커럼포 마을에서 늑대 왕 로보를 모르는 양치기나 목동은 없었습니다. 로보는 오랫동안 마을의 가축을 죽인 늑대 무리의 우두머리였으니까요. 로보는 큰 몸집만큼이나 힘이 셌고 지혜로웠습니다.

로보의 울음소리가 쩌렁쩌렁하게 골짜기에 울려 퍼지면 귀청이 찢어지는 듯했고, 온몸에 소름이 돋았습니다. 로보는 양치기와 목동들을 비웃기라도 하듯 마을로 내려와 시도 때도 없이 가축을 죽였습니다. 사람들은 다음 날 벌어질 처참한 광경을 상상하며 주먹을 쥐고 부르르 떨고만 있을 뿐이었습니다. 역시나 다음 날 아침이면 지난 밤 공격 당한 가축들의 시체가 동네 어귀 곳곳에서 발견되었습니다.

더군다나 로보를 따르는 늑대 다섯 마리는 로보만큼은 아니지만 포악하고 날쌔서, 함께 몰려다니는 것만으로도 사람들에게 위협적이었습니다. 그 가운데 특히 눈길을 끄는 한 마리가 있었습니다. 마치 은빛 털을 두른 듯 아름다운 흰색 털을 가진 늑대, 블랑카였습니다. 녀석은 암컷이었는데, 로보의 짝으로 보였습니다.

몇 년째 수많은 가축들이 로보 무리에게 당해 죽어 갔습니다. 덩치 큰 황소도 맥없이 쓰러졌고, 양 수백 마리가 한꺼번에 떼죽음을 당하기도 했습니다.

"이대로 가다가는 마을에 있는 가축들이 모조리 죽고 말 거야."

마침내 마을 사람들은 로보를 잡기 위해 현상금을 걸었습니다.

"현상금을 걸어서라도 로보를 잡고 말겠어!"

로보의 목에 걸린 현상금을 차지하기 위해, 솜씨 좋은 사냥꾼들이 커럼포 마을을 찾았습니다. 그러나 커럼포의 험준한 골짜기를 로보만큼 잘 아는 사냥꾼은 없었습니다. 사냥꾼들은 가파르고 험준한 골짜기를 헤매다가 이내 포기하고 돌아갔습니다.

마을 사람들은 더 많은 현상금을 내걸었습니다. 그럴수록 로보는 사냥꾼들을 우습게 여겼습니다. 사냥꾼들은 덫을 놓고, 독을 바른 미끼로 유인했지만 로보는 단 한 번도 걸려들지 않았습니다.

이런 로보가 무서워하는 것은 단 하나, 총뿐이었습니다. 로보 무리는 멀든 가깝든 근처에 사람이 있으면 잽싸게 달아나 버렸습니다.

그것은 이 마을 사람들이라면 누구나 '총'을 가지고 있다는 사실을 잘 알고 있었기 때문입니다. 사실 멀리서라도 사람이 있을 땐 무조건 달아나는 것이 로보 무리의 규칙이었습니다.

또, 로보는 무리에게 직접 사냥한 것이 아니면 그 어떤 것도 먹지 못하게 했는데, 그 덕에 여러 차례 목숨을 구할 수 있었습니다.

로보 무리는 적어도 5년 동안 하루에 암소 한 마리씩, 2000마리가 넘는 소들을 먹어 치웠습니다. 게다가 녀석들은 가장 좋은 소만 골라서 해쳤습니다. 늑대는 늘 굶주려 있어서 짐승의 고기라면 무엇이든 가리지 않고 먹어 치운다는 옛말은 로보 무리에게는 맞지 않는 말이었습니다.

언젠가 마을의 목동이 우연히 로보 무리가 소 떼를 공격하는 모습을 보게 되었습니다. 블랑카가 소 무리에 섞여 있는 암소 한 마리를 빼내려는 듯했습니다. 로보는 높은 곳에서 가만히 이 광경을 지켜보고 있었습니다. 소들은 둥글게 모여 머리를 바깥쪽으로 내민 채 늑대들을 위협했습니다. 아무리 포악한 로보 무리도 소 떼의 뿔 앞에서는 별 도리가 없어 보였습니다. 한참을 으르렁거리고만 있는 부하들을 지켜보던 로보가 마침내 몸을 일으켰습니다.

로보는 크게 울부짖더니 곧바로 암소에게 달려들었습니다. 로보가 나타나자, 소들은 우왕좌왕하다 금세 흩어졌습니다. 로보는 눈 깜짝할 사이에 암소의 목덜미를 물어 내동댕이쳤습니다. 그제야 로보의 부하들도 죽어 가는 암소에게 달려들었습니다.

"이거 하나 제대로 못해?"

로보는 부하들을 쏘아보며 이렇게 말하는 듯했습니다.

　1893년 11월 어느 날 밤, 로보 무리가 양을 250마리나 해친 사건이 일어났습니다. 그렇게 많은 양들을 죽였지만 고기 한 점 먹지 않은 것으로 보아 분명 심심풀이로 죽인 것임에 틀림없었습니다. 로보 무리가 저지른 잔인한 사건들은 여기서 그치지 않았습니다. 사람들은 날마다 새로운 방법을 찾아 로보 무리를 잡으려고 했지만, 녀석들은 비웃기라도 하듯 자유롭게 목장을 넘나들었습니다.

　어느 날 텍사스 주의 산림 감시원인 태너리가 현상금을 노리고 커럼포 골짜기를 찾았습니다. 태너리는 특별히 훈련된 사냥개들을 이용해 며칠 안에 로보의 머리를 가져오겠다며 큰소리를 쳤습니다.

얼마 뒤, 태너리의 사냥개들과 로보 무리의 쫓고 쫓기는 추격전이 벌어졌습니다. 로보의 부하들은 사방으로 흩어졌고, 사냥개들 또한 뿔뿔이 흩어졌습니다. 그러나 로보 무리는 곧 한곳에 다시 모였고, 미처 다시 모이지 못한 사냥개들은 늑대에게 물려 죽거나 큰 상처를 입었습니다.

"로보는 도저히 못당하겠군요."

태너리는 아끼던 사냥개들을 잃고 진저리를 치며 텍사스로 돌아갔습니다.

그날 이후로 로보는 커럼포 골짜기의 왕으로 더욱 기세를 떨치게 되었습니다.

이듬해 봄, 마을 사람들은 로보의 대담성에 또 한 번 놀라고 말았습니다. 마을에서 불과 1킬로미터도 떨어지지 않은 골짜기에 로보와 블랑카가 굴을 파고 새끼를 낳아 기르고 있었던 것입니다.

로보와 블랑카는 사람들이 숲속 이곳저곳에 뿌려 둔
독약과 덫을 보란 듯이 피해 다니며, 안전하게 새끼를 길렀습니다.

그리고 그해 여름 내내 마을의 소와 양들을 약탈해 갔습니다.

"줄곧 저기서 살았는데도 그놈 털끝 하나 건드리지 못했으니……. 로보는 우리를 완전히 바보로 만들었습니다."

마을 사람들은 벼랑을 가리키며 이렇게 이야기했습니다.

지금까지 이야기들은 모두 카우보이들한테 들은 것인데, 처음에는 믿기 어려웠습니다. 그러나 1893년 가을, 이 영리한 늑대를 직접 본 뒤로 누구보다도 녀석을 잘 알게 되었습니다.

몇 년 전, 애완견 빙고를 데리고 늑대 사냥을 한 적이 있지만, 그 뒤로 일이 바뀌어 서재를 벗어나지 못했습니다. 집 안에서의 생활을 답답해 하던 차에, 커럼포 마을에 목장을 가지고 있는 친구로부터 로보를 어떻게 좀 해 줄 수 없냐는 편지를 받았습니다.

"시튼! 우리 마을에 가축들이 늑대 한 마리 때문에 날마다 죽어 가고 있다네.

우릴 좀 도와주게.

자네라면 그 교활한 늑대를 물리칠 수 있을 거라고 생각하네.

부디 와서 도와주게."

"이놈이 얼마나 영리하고 용감한지 한번 만나 봐야겠는걸."

나는 전부터 커럼포 마을을 공포로 몰아넣은 로보에 관한 이야기를 들어왔던 터라 적지 않은 관심을 가지고 있었습니다. 마침 잘되었다고 생각하고 급히 커럼포 마을로 향했습니다.

우선 커럼포 마을의 지리를 알아보기 위해 말을 타고 마을을 돌아다니고 있을 때였습니다.

들판 곳곳에 뼈만 남은 동물 시체들이 널려 있었습니다. 길을 안내해 주던 마을 주민이 얼굴을 찌푸리며 말했습니다.

"로보, 바로 그놈 짓이에요."

"이곳은 워낙 길이 험해서 사냥개로 쫓아도 소용없겠어. 독약이나 덫을 사용하는 수밖에······."

하지만 로보는 분명 덫은 물론 독약의 냄새도 잘 알고 있을 터였습니다.

로보를 쓰러뜨리기 위해 생각한 숱한 계략들을 일일이 설명하자면 끝이 없습니다. 나는 온갖 종류의 독을 고기에 섞어 로보 무리가 지나다니는 길목에 놓고 그들이 나타나기를 기다렸습니다.

그러나 로보는 어떤 미끼를 써도 꼬임에 넘어오지 않았습니다.

그러던 차에 우연히 한 늙은 사냥꾼에게서 아주 특별한 미끼를 만드는 법을 전해 들었습니다.

"이 미끼라면 분명히 걸려들 거야."

나는 약이 오를 대로 올라 최후의 미끼를 만들기 시작했습니다.

먼저 막 잡은 어린 암소의 콩팥에서 살덩이를 잘라 내어, 치즈와 함께 질그릇에 넣고 삶았습니다. 그리고 쇠붙이 냄새가 나지 않도록 상아로 만든 칼로 몇 조각을 잘랐습니다. 그 다음, 고기 조각 한쪽에 구멍을 뚫고 캡슐에 넣은 독을 넣었습니다. 마지막으로 그 구멍을 치즈로 봉했습니다. 나는 미끼에 조금이라도 사람 냄새가 배지 않도록 처음부터 끝까지 암소 피를 묻힌 장갑을 끼고, 미끼에 입김이 닿을까 조심하면서 작업했습니다.

　이렇게 완성한 미끼를 암소 피를 바른 가죽 주머니에 넣어 말 안장에 매달고 출발했습니다. 약 20킬로미터의 거리를 돌아다니며 400미터 간격으로 미끼를 떨어뜨려 두었습니다. 로보 무리는 동쪽 산에서 주말을 보내고, 주초에는 반드시 이 골짜기를 지난다고 했습니다. 월요일이었던 그날 밤, 침낭 속에서 잠이 들 무렵, 아스라이 울려 퍼지는 늑대의 굵은 울음소리가 들렸습니다. 그 소리가 들려오기가 무섭게 카우보이 한 명이 말했습니다.

　"놈이에요! 로보 울음소리가 틀림없어요."

"녀석이 미끼를 물었을까?"

다음 날 아침, 나는 날이 밝자마자 미끼를 놓았던 곳으로 달려갔습니다.

"있어요, 있어!"

미끼 주위에 늑대 발자국이 여기저기 찍혀 있었습니다.

그 선두에 로보의 발자국 또한 있었습니다. 여러 발자국이 뒤섞여 있었지만 로보의 발자국은 쉽게 알아볼 수 있었습니다. 보통 늑대 발자국 길이가 11~12센티미터 정도인데, 로보의 발자국은 14센티미터도 넘는 것이었습니다.

　훗날 녀석을 보았을 때, 발자국 크기에 걸맞는 몸집을 하고 있는 것을 확인할 수 있었습니다. 로보는 네 발로 땅을 딛고 섰을 때 어깨 높이가 1미터에 가까웠고, 몸무게는 자그마치 70킬로그램이 넘었습니다. 그래서 녀석의 발자국은 다른 부하들의 발자국과 아무리 겹치더라도 어렵지 않게 찾을 수 있었습니다.

　첫 번째 미끼가 보이지 않았습니다. 로보가 첫 번째 미끼에 다가가 냄새를 맡고 그것을 물어 갔다는 것을 알 수 있었습니다. 나는 가슴이 벅차올랐습니다.

　"아! 드디어 잡았어. 이곳에서 멀지 않은 곳에 녀석이 쓰러져 있을 거야."

우리는 바닥에 찍힌 커다란 발자국을 쫓아 다음 미끼가 있는 곳으로 뛰었습니다. 두 번째 미끼도 없었습니다. 나는 펄쩍펄쩍 뛰고 싶었습니다.

"로보를 이렇게 쉽게 잡게 되다니, 잘하면 놈의 부하들까지 모두 잡을 수 있겠어."

'이상한데? 이쯤에 늑대들이 뻣뻣하게 죽어 있어야 하는데…….'

바닥에는 여전히 커다란 발자국이 이어져 있었습니다. 조금 높은 언덕에 올라 사방을 둘러보았지만 늑대의 흔적조차 발견할 수 없었습니다.

우리는 다시 발자국을 따라갈 수밖에 없었습니다. 세 번째 미끼도 없었습니다. 발자국은 다시 네 번째 미끼가 있는 곳으로 이어져 있었습니다.

마침내 도착한 네 번째 미끼 앞에서 나는 너무 놀라 움직일 수 없었습니다.

로보는 미끼 세 개를 한 입도 먹지 않고 이곳까지 물어와 네 번째 미끼 위에 보란 듯이 쌓아 놓았습니다. 그리고 우리를 비웃기라도 하듯, 그 위에 똥을 싸 놓았던 것입니다.
"하……. 정말 귀신같은 녀석이군!"
로보가 이겼습니다. 나는 독이나 잔꾀로는 도저히 로보를 죽이지도 잡지도 못한다는 것을 절실히 깨달았습니다.

나는 덫을 사용하기로 하고, 튼튼한 강철 덫을 새로 주문했습니다. 마침내 주문한 덫이 도착하고, 두 명의 일꾼과 덫을 놓느라 일주일 내내 바쁜 시간을 보냈습니다. 이제 모든 희망을 덫에 걸 수밖에 없었습니다.

덫을 설치한 지 이틀째 되는 날이었습니다.

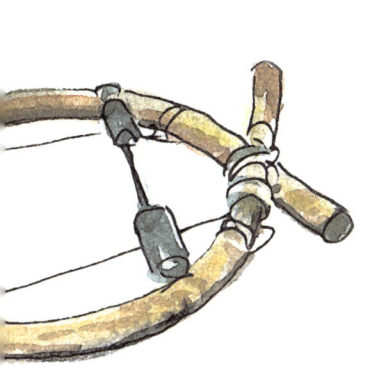

덫 사이로 로보의 발자국이 나 있는 것을 발견했습니다. 로보는 깜깜한 어둠 속에서도 금세 덫을 찾아낸 듯했습니다. 나는 발자국을 통해 로보가 한 짓을 모조리 알아챌 수 있었습니다.

로보는 먼저 부하들에게 움직이지 말라고 신호를 보낸 뒤, 덫 주위의 흙을 조심스럽게 긁어내고, 덫의 용수철이 튀지 않게 본래 상태로 눈에 잘 띄도록 해 놓았습니다. 같은 방법으로 그 주위에 잘 감추어 놓은 덫까지 다 파헤쳐 놓았습니다.

나는 분한 마음을 참을 수 없었습니다. 하지만 발자국을 통해 한 가지 새로운 사실을 알아낼 수 있었습니다. 로보는 의심스러운 기미가 느껴지면 얼른 걸음을 멈추고 옆으로 한두 걸음 비켜서는 습성이 있었던 것입니다.

"옳지! 이 습성을 이용하면 되겠군!"

나는 다시 덫을 놓기로 했습니다. 대신 이번에는 덫을 가운데 설치한 뒤, 양옆에 두 줄로 덫을 놓았습니다. 이렇게 'H'자 모양으로 덫을 놓으면 로보가 덫이 있는 걸 알아채고 옆으로 비켜설 때, 왼쪽이든 오른쪽이든, 어느 한쪽의 덫에 걸려들게 될 것이기 때문입니다. 그러나 이 또한 헛수고에 그치고 말았습니다.

로보는 놀랍도록 영리한 놈이었습니다. 로보는 덫이 있는 것을 눈치채지 못하고 두 줄로 놓인 길 가운데로 들어오긴 했지만, 무슨 낌새를 챘는지 순간 걸음을 멈추었습니다. 그러고는 발길을 돌리지 않고 천천히 조심스럽게 걸어 들어온 발자국을 되밟아 뒤로 물러난 것입니다. 뿐만 아니라 흙덩이나 돌멩이를 걷어차서 덫 주둥이를 모두 닫아 못쓰게 만들었습니다.

결국 나의 여러 가지 계략들은 모두 실패로 끝나고 말았습니다. 로보는 모든 속임수를 꿰뚫어 볼 만큼 지혜로운 녀석이었습니다. 만약 로보의 짝 블랑카가 조금만 더 신중했더라면 지금까지도 마을의 가축들을 해치며 커럼포 골짜기의 왕으로 군림하고 있었을 것입니다.

로보 무리의 발자국을 자세히 살펴보던 나는 한 가지 이상한 점을 발견했습니다. 보통 늑대들이 이동할 때는 우두머리가 앞장섭니다. 그런데 간혹 우두머리인 로보를 앞질러 간 작은 발자국이 눈에 띄기도 했습니다.

"이상하네! 대장을 앞지르는 늑대도 있나?"

나의 질문에 한 목동이 궁금증을 해결해 주었습니다.

"아, 그건 블랑카의 발자국일 거예요. 다른 놈이었다면 가만두지 않았겠지만 블랑카는 로보의 짝이거든요."

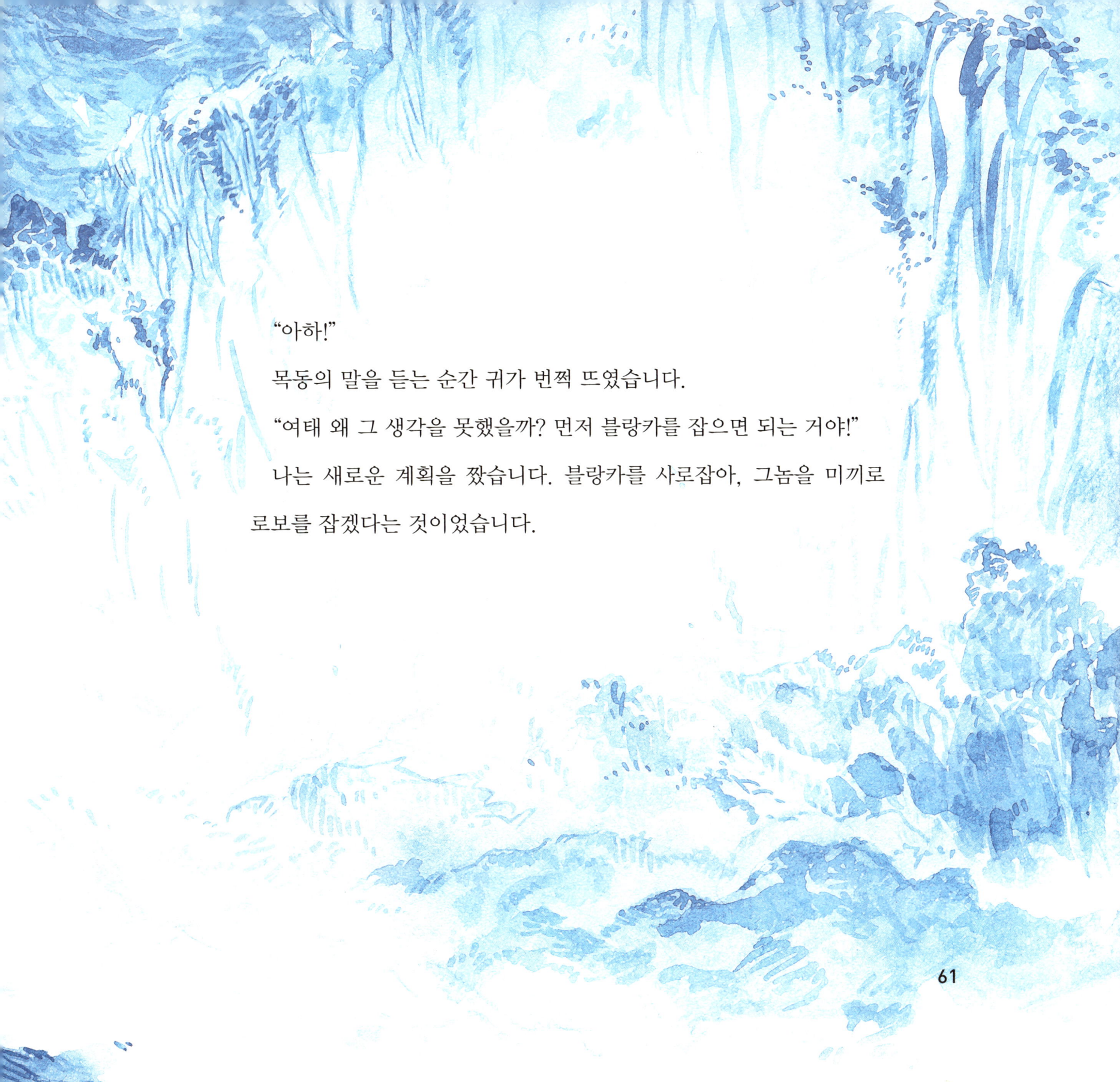

"아하!"

목동의 말을 듣는 순간 귀가 번쩍 뜨였습니다.

"여태 왜 그 생각을 못했을까? 먼저 블랑카를 잡으면 되는 거야!"

나는 새로운 계획을 짰습니다. 블랑카를 사로잡아, 그놈을 미끼로 로보를 잡겠다는 것이었습니다.

나는 먼저 암소를 잡아 쓰러뜨리고, 눈에 잘 띄는 곳에 덫을 한두 개 설치했습니다. 그 다음 조금 떨어진 곳에 암소의 머리를 마치 버린 것처럼 던져 두고 아주 조심스럽게 그 둘레에 강철 덫을 숨겨 두었습니다. 물론 쇠붙이 냄새가 나지 않도록 철저히 신경 썼습니다. 그리고 다른 동물의 발자국도 찍어 두어 마치 다른 짐승이 암소를 죽인 것처럼 위장했습니다.

"늑대는 동물의 피 냄새가 나면 꼭 살펴보는 버릇이 있으니까 틀림없이 이곳으로 올 거야."

나는 덫을 모두 설치하고 다시금 로보 무리를 기다렸습니다.

만일 로보가 온다면 틀림없이 암소 주변에 덫이 설치되어 있는 것을 알아채고 무리가 덫 가까이 다가서지 못하도록 할 것입니다. 내가 노린 것은 암소 주변에 설치한 덫이 아니라 그냥 버려진 것처럼 보이는 암소 머리 쪽에 설치한 덫이었습니다.

다음 날 아침!

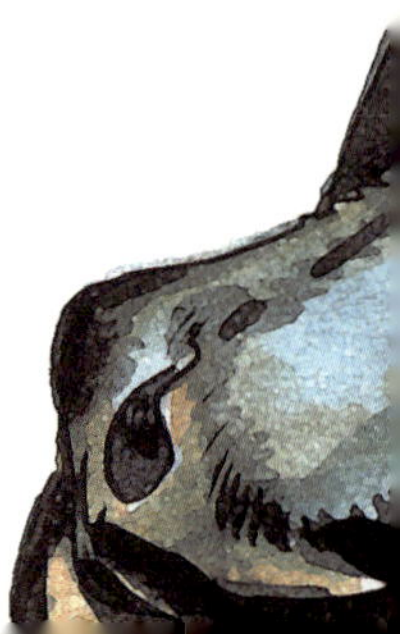

"오! 그러면 그렇지. 결국 걸려들고 말았어."

예상대로 늑대가 왔다 간 발자국이 찍혀 있었습니다. 암소 머리와 덫이 함께 사라지고 아무것도 보이지 않았습니다. 우리는 곧 그 발자국을 따라갔습니다.

발자국을 따라 2킬로미터쯤 갔을 때, 우리는 함정에 걸려든 늑대가 블랑카라는 것을 확인할 수 있었습니다.

"블랑카다!"

"블랑카가 틀림없어!"

블랑카가 발목에 덫을 매단 채로 암소 머리를 질질 끌고 가는 것이 보였습니다. 블랑카는 우리를 발견하고 걸음을 빨리하긴 했지만, 얼마 가지 못해 커다란 암소 머리가 바위틈에 끼고 말았습니다.

블랑카는 온힘을 다해 발버둥쳤습니다. 그러나 바위틈에 단단히 박힌 암소 머리는 꿈쩍도 하지 않았습니다.

"야호! 드디어 블랑카를 잡았다!"

블랑카는 정말 아름다운 늑대였습니다. 하얗게 빛나는 털과 반짝이는 눈동자는 정말 눈부시도록 아름다웠습니다.

우리가 다가서자 블랑카는 하얀 이빨을 드러내며 으르렁거렸습니다. 그러고는 동료들을 불러 모으려는 듯 골짜기를 향해 길게 울었습니다.

먼 산너머에서도 울음소리가 들려왔습니다.

"우…… 우우우우……!"

로보였습니다.

하지만 블랑카는 더 이상 구원을 바라는 울음소리를 낼 수 없었습니다. 눈앞에 나타난 적들과 죽을힘을 다해 싸워야 했기 때문입니다.

우리는 곧바로 블랑카의 목에 올가미를 여러 개 던졌습니다. 그 다음 사방에서 올가미를 힘껏 잡아당겨 블랑카의 목을 죄었습니다. 블랑카는 입에서 피를 흘리며 스르르 눈을 감았습니다.

블랑카의 시체를 마을로 옮기는 동안 로보의 울음소리는 멈추지 않고 골짜기에 울려 퍼졌습니다. 내가 마을에 도착하고 처음으로 로보 무리를 혼내 준 사건이었습니다.

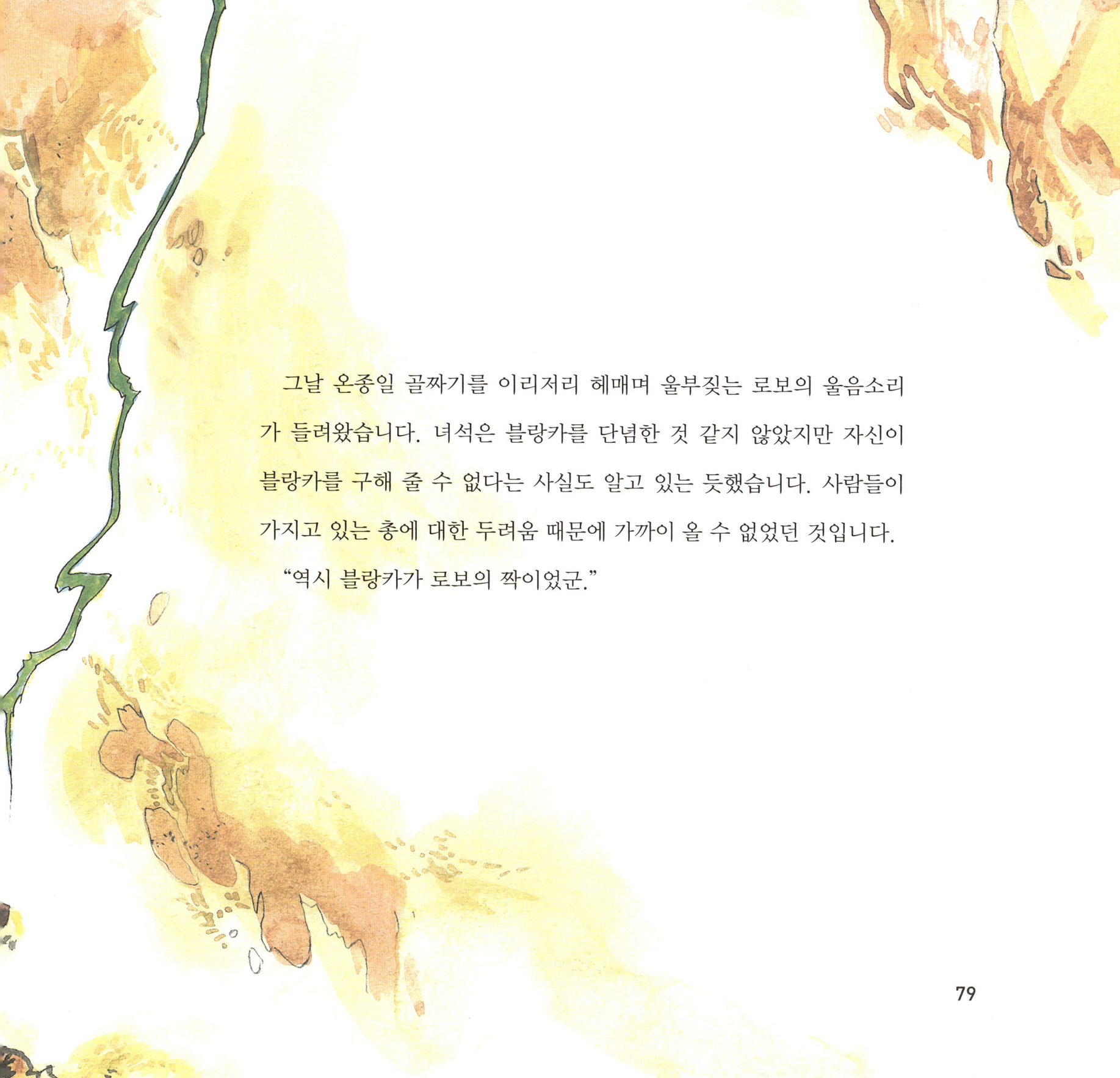

그날 온종일 골짜기를 이리저리 헤매며 울부짖는 로보의 울음소리가 들려왔습니다. 녀석은 블랑카를 단념한 것 같지 않았지만 자신이 블랑카를 구해 줄 수 없다는 사실도 알고 있는 듯했습니다. 사람들이 가지고 있는 총에 대한 두려움 때문에 가까이 올 수 없었던 것입니다.

"역시 블랑카가 로보의 짝이었군."

밤이 깊었습니다. 블랑카를 잡았던 장소 가까이에서 로보의 울음소리가 들리기 시작했습니다. 마침내 로보가 근처에서 블랑카의 냄새를 맡은 모양이었습니다. '블랑카! 블랑카!' 하고 부르는 듯한 슬픔에 젖은 울음소리는 용맹을 떨치던 지난날의 그 우렁찬 울음소리가 아니었습니다. 단지 길고 애처로운 통곡에 가까웠습니다.

목동들도 '늑대가 저리 슬피 우는 것은 처음 듣는다'고 말할 정도였습니다.

그곳엔 블랑카의 핏자국도 선명하게 남아 있었습니다. 로보는 얼마나 끔찍한 일이 벌어졌는지 정확히 알 수 있었을 것입니다.

로보는 이대로 물러설 것 같지 않았습니다. 목동들도 블랑카에 대한 보복으로 로보 무리가 습격하지는 않을지 두려워하고 있었습니다.

우리는 다시 목장 여기저기 많은 덫을 설치했습니다. 그러다 로보가 덫에 걸렸던 흔적을 발견했습니다. 그러나 어마어마한 힘을 발휘해서 덫을 빠져나가 그 덫을 내동댕이친 흔적도 함께 남아 있었습니다. 로보는 블랑카의 시체라도 찾지 못하면 결코 이 주변을 떠나지 않을 것 같았습니다.

나는 블랑카를 산 채로 사로잡아 미끼로 쓰면 좋았을 것이라고 후회하기도 했지만, 어쨌든 지금이야말로 로보를 잡기에 가장 적당한 시기라고 생각했습니다.

다음 날 아침, 목동들이 염려한 대로 농장을 지키던 개들이 온몸이 갈기갈기 찢겨 죽어 있었습니다. 주위에는 로보의 것으로 보이는 듯한 발자국이 여기저기 찍혀 있었습니다. 발자국으로 보아 녀석은 평소답지 않게 이러저리 마구 뛰어다녔던 것 같았습니다.

"녀석이 분별력을 잃고 있어! 이 기회에 반드시 잡아야 해!"

이대로 두면 로보의 횡포가 더 심해질 것이기에, 불쌍하다고 그냥 있을 수만은 없었습니다.

나는 강철 덫을 모을 수 있는 대로 다 모았습니다. 덫은 자그마치 130개나 되었습니다. 강철 덫을 골짜기로 통하는 모든 길에, 한 군데에 4개씩을 설치했습니다. 덫마다 통나무를 연결하고, 그것을 땅에 묻었습니다.

덫을 설치하고 난 뒤, 나는 블랑카의 시체를 끌고 다니며 그 위에 냄새가 배도록 했습니다. 우리는 할 수 있는 방법을 다 동원한 뒤 숙소로 돌아왔습니다.

이제 결과만 기다리면 됩니다. 그날 깊은 밤에 로보의 울음소리가 한 차례 들려온 것 같기도 했지만 확실하지는 않았습니다.

이튿날 아침이었습니다. 말을 타고 덫을 놓은 골짜기를 둘러보고 있는데 목동 한 사람이 다가와 말했습니다.

"새벽에 북쪽 골짜기에서 소들이 소란을 피우던데, 덫에 뭔가 걸린 모양이에요."

"내가 덫을 놓은 곳이다!"

나는 서둘러서 목동이 말한 골짜기로 출발했지만 그곳에 도착했을 때는 이미 해가 질 무렵이었습니다.

　목동의 말대로 덫을 놓은 곳으로 말을 몰아가는데, 갑자기 잿빛 형상의 물체가 몸을 일으키며 나를 노려보았습니다.

　"저 녀석이 정말 늑대 왕 로보란 말인가?"

　나와 목동들이 다가서자 로보는 털을 곤두세우며 으르렁거렸습니다.

　굵고 낮게 으르렁거리는 소리가 온 골짜기로 울려 퍼졌습니다.

　도움을 청하는 소리……. 자신의 부하들을 부르는 소리였습니다. 그러나 골짜기 어디에서도 아무런 대답이 들리지 않았습니다. 궁지에 몰린 로보는 있는 힘을 다해 몸을 틀더니 나에게로 달려들었습니다. 급한 마음에 총을 들이대자 덥석 총구를 물었습니다. 총 끝에 이빨 자국이 선명하게 찍혔습니다.

　로보의 두 눈은 미움과 노여움이 가득 차 파랗게 번뜩였습니다. 때때로 우리가 탄 말을 향해 미친 듯이 날뛰거나, 그 큰 턱을 쳐들고 부들부들 떨었습니다. 그러나 이틀 동안이나 덫에 걸려 굶주리고 피를 많이 흘려서인지 곧 힘없이 주저앉고 말았습니다.

"나보다 덫을 더 잘 아는 녀석이 덫에 걸리다니……."

마을 전체를 공포로 몰아넣었던 녀석이었지만 덫에 걸려 몸부림치는 모습은 가여워 보였습니다.

여느 때 같으면 쉽게 알아챘을 함정이었습니다. 그러나 블랑카의 냄새를 맡고는 앞뒤 생각할 새 없이 덫에 뛰어든 것입니다.

억센 강철 덫에 네 다리를 물린 로보 주위에는 여기저기 소 발자국이 나 있었습니다. 그동안 로보에게 당했던 소들이 힘을 잃은 왕을 비웃어 주기 위해 몰려왔던 모양이었습니다.

목동들이 로보에게 올가미를 던졌습니다. 올가미는 공기를 가르며 날아가 로보의 목에 씌워졌습니다. 그러나 로보는 올가미가 죄어지기 전에 이빨로 올가미 줄을 물어뜯어 끊어 버렸습니다. 총을 쏘았더라면 단 한 방에 죽일 수 있었습니다. 그러나 나는 한때 커럼포 골짜기를 주름잡았던 왕에게 상처를 입히고 싶지 않았습니다. 그래서 목장으로 되돌아가 새 올가미를 가지고 왔습니다.

이번에는 나무토막을 던져 로보가 그것을 물어뜯는 동안, 잽싸게 올가미를 던져 잡을 계획이었습니다. 로보의 눈에서 점점 광채가 사라졌습니다. 바로 그 순간, 로보를 산 채로 사로잡아야겠다는 생각이 들었습니다. 나는 로보의 입에 재빨리 나무토막을 물렸습니다. 그리고 나무토막을 문 주둥이를 굵은 노끈으로 동여맸습니다.

'마침내 나를 잡았군.'

로보의 눈에 체념의 빛이 떠올랐습니다. 우리는 로보의 발을 꽁꽁 묶었습니다. 하지만 로보는 으르렁대지 않았고, 심지어 고개조차 돌리지 않았습니다.

나와 목동이 간신히 로보를 말 위에 실어 올릴 때에도 로보의 숨소리는 편안하게 잠든 듯이 조용했습니다. 로보는 평온을 되찾은 듯 조용히 끝없이 펼쳐진 들판을 바라보았습니다. 자신을 태운 말이 골짜기의 오솔길을 지나 절벽에 다다라 들판이 보이지 않을 때까지, 눈 한번 깜박이지 않고 줄곧 들판을 바라보고 있었습니다. 그곳은 로보의 왕국, 지금은 비록 부하들이 뿔뿔이 흩어졌지만, 오랫동안 로보가 지배한 하나의 왕국이었습니다.

　우리는 5년 동안이나 벼르고 벼르던 일을 달성하고, 천천히 말을 몰아 목장 오두막으로 무사히 돌아왔습니다.

　먼저 로보에게 쇠사슬로 된 목걸이를 채우고, 사슬을 연결하여 나무 기둥에 붙들어 맨 다음, 묶었던 밧줄을 풀어 주었습니다.

　나는 비로소 로보를 가까이서 자세히 살펴볼 수 있었습니다. 그리고 그동안 이 영웅에 관해 얼마나 터무니없는 소문이 나돌았는지 확인할 수 있었습니다. 사람들은 로보의 목에는 번쩍이는 황금 목도리가 걸려 있고, 악마의 영혼이 들어서 로보의 가슴에 십자가가 새겨져 있다고 수군거렸습니다. 그러나 그런 이야기는 뜬소문에 지나지 않았습니다.

　나는 로보에게 물과 먹을 것을 가져다주었습니다. 그러나 녀석은 거들떠 보지도 않았습니다. 조용히 옆으로 누운 채, 멀리 넓게 펼쳐진 들판을 조용히 바라보고 있었습니다. 나는 살그머니 로보의 몸을 건드려 보았습니다. 로보는 대들기는커녕 털끝 하나 움직이려 하지 않았습니다. 나는 그래도 밤이 되면 부하들에게 도움을 청하기 위해 소리를 지를 것이라고 생각했습니다. 그러나 덫에 걸렸을 때 질렀던 그 마지막 울부짖음 뒤로 한 번도 소리를 지르지 않았습니다.

　로보는 죽음을 기다리는 것 같았습니다.

　힘을 잃은 사자, 자유를 잃은 독수리, 그리고 짝을 잃은 비둘기는 모두 슬픔에 잠겨 죽는다고 합니다. 그런데 로보는 그 모두를 잃은 상태였습니다.

다음 날 아침, 동녘 하늘이 훤히 밝아 올 무렵에도 로보는 조용히 엎드려 있는 듯 보였습니다. 그러나 그의 영혼은 이미 떠난 뒤였습니다. 커럼포 골짜기의 왕 로보는 그렇게 숨을 거두었습니다.

나는 우울한 심정으로 로보의 목에서 쇠사슬을 풀어 주었습니다. 그리고 블랑카가 있는 헛간으로 옮겨 로보를 블랑카의 옆에 뉘어 주었습니다. 옆에 있던 목동이 나지막이 말했습니다.

"잘 가거라, 로보! 블랑카와 함께 편히 쉬거라."